Die Krieger der Herzen

„Die Herz-Kriegerin“

Erika Flickinger

dualseelen.beratung@hotmail.de

dualseelen.org

Dieses Buch ist auch als eBook erhältlich.

ISBN: 1542458347
ISBN-13: 978-1542485340

Sie ist fasziniert von der unendlichen Weite,

die nun vor Ihr lag, nachdem Sie alles ablegte,

was Sie jahrelang mit sich schleppte.

Eine neue Zukunft tat sich vor Ihr auf,

Wo Sie auch hinsah, alles offen,

voller Möglichkeiten und Chancen,

um in der Leere, die sich vor Ihr auftat,

einfach nur sich selbst zu finden.

Dies ist eine Fortsetzung des Buches »Die Krieger der Herzen«.

Im Laufe der Zeit sind neue Texte der Kriegerin entstanden, diese haben nun in diesem Büchlein ihren Platz gefunden.

Sie ist Ihrer Wege weitergezogen und hat sich im Laufe der Zeit weiter entwickelt hin zu dem, was Sie aus tiefstem Herzen werden will.

Mit diesen Texten möchte ich euch weiterhin teilhaben lassen, an dem, was die Kriegerin ausmacht und Ihr Ihren Zauber verleiht.

Wieso Kriegerin des Herzens?

Was bedeutet Sie für mich, die „Kriegerin des Herzens“?

Und wieso Kriegerin ... und weshalb führt Sie das Schwert der Liebe?

Ein Schwert? Wieso braucht eine Kriegerin der Liebe ein Schwert.

Und wieso assoziiere ich die Liebe, mit einer Kriegerin und einer Waffe?

Seit einigen Jahren schon, schreibe ich Texte, über „Die Kriegerin des Herzens“, seit 2013 auch öffentlich.

Ihre Geburtsstunde hatte für mich persönliche Gründe, jedoch wurde sie bei meinen Veröffentlichungen so gut angenommen, und des Öfteren auch kopiert, so dass ich mich entschlossen hatte, 2015 mein erstes Buch über „Die Krieger der Herzen“, mit den über einen Zeitraum von fast drei Jahre geschriebenen Texten, zu veröffentlichen.

Mit der Zeit ist natürlich auch die Kriegerin gewachsen, hat sich verändert und weiterentwickelt, ebenso der Krieger.

So dass ich mich nun entschlossen habe, Ihr Wachstum in einem neuen Buch zu würdigen.

Nun zu meinen Gründen, wieso eine „Kriegerin“ und ein „Krieger“.

Der härteste Kampf findet doch immer in uns und mit uns selbst statt.

Die eigene Entwicklung, wenn wir diese aktiv leben, verläuft zumeist mit den Kämpfen, die wir mit uns selbst und unseren Gefühlen ausfechten, und mit dem Bemühen, unser Leben so gestalten und leben zu dürfen, wie es unsere Seele wünscht.

Ständig kämpft eine Kriegerin des Herzens gegen das an, was die Vielzahl der Sie Umgebenden als „Normalität“ bezeichnet. Denn eine Kriegerin weiß, Normalität ist Stillstand und beinhaltet kaum die Chance seelisch zu wachsen und zu dem zu gedeihen, was Ihre Ur-Essenz von Ihr fordert.

Nichts wird so sehr verurteilt und argwöhnisch betrachtet, wie ein „freier Mensch“. Mit frei meine ich jene Menschen, die ihre eigenen Vorlieben, Talente, Gefühle und Visionen leben wollen und dies auch tun. Egal wie andere dies aufnehmen.

Dem freien Menschen, geht es um seine persönliche Entwicklung und darum, diese auch im Sinne aller einsetzen zu können, aber eben auf seine ureigene Art. Dies zeichnet Krieger des Herzens aus. Sich selbst sein und sich doch zum Wohle aller entwickeln wollen.

Und genau dies wird von der Umwelt sehr argwöhnisch betrachtet und mit dem Stempel unnormal versehen. Bestenfalls nennt man Sie einen bunten Vogel, oder einen verwirrten Menschen, oder eben hyperaktiv und unangepasst, aber auch gegen Schimpfworte und Verunglimpfungen muss sich ein solcher Mensch wappnen.

An einer Kriegerin des Herzens perlen solche Dinge ab. Bis Sie aber dahin kommt, liegt ein sehr langer Weg hinter ihr.

Und auf dieser Reise, sich selbst zu finden, entgegen all dem was man ihr einpauken möchte, steht Sie sich selbst sehr oft im Weg.

Ja, wir selbst sind uns oft der Feind, gegen den wir im außen kämpfen. Mit Vorliebe stehen wir uns selbst im Weg und wundern uns, wieso nichts wirklich vorangeht in unserem Leben.

Viel zu oft schaut man auf das, was die anderen erreichen und vorzeigen können, und geraten so immer mehr von dem Punkt weg, der voller Hinweisschilder für unser eigenes Leben ist. Unsere inneren Sehnsüchte. Uns selbst vergessen wir zu gerne, während wir beschäftigt sind, mit all dem Wettbewerb, um uns herum standzuhalten. Unser Leben vergeht damit, uns anzupassen, zuzuschauen, wie alle anderen es machen, und uns dabei im Kopieren verlieren, aber uns selbst sehen wir zumeist nicht.

Dies ist es, was die Kriegerin ausmacht. Sie kämpft gegen die Angewohnheit an, so zu sein wie andere. Sie lenkt Ihre Aufmerksamkeit auf sich und Ihre wahren Bedürfnisse. Sie zieht oftmals die Stille vor, um dort nach dem zu lauschen, was Ihr Leben so sehr bereichert ... die Stimme Ihrer Seele, den Pulsschlag ihres Lebens.

Die Kriegerin verbringt Ihr Leben damit, innerhalb der lauten Stimmen der Welt, Ihre eigenen Wege zu erkunden. Schritt für Schritt erkämpft Sie sich dies, was wirkliches Wachstum und Erfolg für Sie bedeutet. Ihre eigene unverwechselbare Identität zu finden, zu lieben, wenn Sie will und was Sie will.

Sie sucht das innen, den Platz, an dem Sie alle Antworten für sich selbst finden kann. Dies bedeutet nicht, dass Sie sich komplett der Außenwelt verschließt ... absolut nicht. Sie ist eine aufmerksame Beobachterin, sieht den Kampf der anderen um Anerkennung, um den klitzekleinen Platz der Zugehörigkeit, und die daraus resultierenden Enttäuschungen. Sie schaut hin, beobachtet. Dies tut Sie nicht, um über andere sprechen zu können, sondern, Sie zieht daraus Ihre Schlüsse für Ihr eigenes Dasein.

Sie kämpft von klein auf darum, kein weißes funktionierendes Einheits-Schaf zu werden, sondern verteidigt energisch ihre Andersfarbigkeit. Sie rebelliert schon, wenn Ihre Beine Sie noch wackelig durchs Leben tragen und stößt sich lieber den Kopf an Gegenständen, als dass Sie sich von den Erwachsenen tragen lässt.

Sie schärft schon als Kind Ihr Schwert, weil Sie unbewusst ahnt, wie oft im Leben Sie es noch brauchen wird. Und ja, von Anfang an trägt Sie stolz Ihr Schwert sichtbar nach außen, indem Sie nach Ihrem Herzen lebt und in der Sprache Ihrer Seele spricht.

Eine Kriegerin erkennst Du schon in jenen Kindern, denen man Verhaltensstörungen auf den Rücken lädt. Die welche im jüngsten Alter schon rebellieren, gegen die Einseitigkeit und den Leistungsdruck, der modernen Welt. In den Kindern, die nach draußen wollen, die Welt erkunden und anfassen möchten. Die Kinder welche auch Widerrede geben, wenn Sie denken, dass die Lehrer, Eltern oder Ausbilder ihnen Unsinn erzählen, und die lautstark ihre eigene Meinung dazu kundtun. Es sind die Kinder, die nicht jede Lehre annehmen und sich wortwörtlich ihre Freiheiten erkämpfen, oft mit dem teuren Preis, mit Medikamenten stillgestellt zu werden, weil Sie sich nicht in die Norm fügen. Schon hier beginnt ein lange andauernder Kampf, einer freien Kriegerin des Herzens.

Manchmal sieht das Leben einer „Herzens-Kriegerin", für Außenstehende chaotisch aus, und doch hat es für sie Struktur und Sinn. Denn Sie wählt sich keinen einfachen Weg aus, sondern solche, die Sie schleifen und formen und so im Laufe der Jahre, ihre ganz eigene Individualität erscheinen lassen. Aber auch hier muss die Kriegerin viele symbolische Kämpfe führen, bis Sie endlich auf diesen von Ihr gewählten Wegen wandeln kann.

Eine Kriegerin des Herzens, wählt die Pfade, auf denen Sie sich lebendig fühlt, auf denen Sie das Leben pulsieren spürt, auf denen Sie Ihrem Herzschlag und der Stimme Ihrer Seele lauschen kann. All dies in Harmonie mit dem was Sie umgibt.

Aber genau dies, was für andere so sinnlos erscheint, weil es nicht in die Norm passt, genau dies muss eine Kriegerin des Herzens, sich erkämpfen.

Wie tut Sie dies?

Mit dem Schwert der Liebe, der Liebe zu sich selbst, zu all dem was Sie liebt und leben möchte. Sie reagiert aus Ihrem Herzen heraus und kämpft zeitgleich gegen den Verstand an, der wie immer seine angepasste Meinung dazu hat. Am Ende jedoch setzt Sie sich immer für die Liebe ein. In schwierigen Situationen fragt Sie sich „Was würde das Herz jetzt wählen“, lauscht hingebungsvoll auf dessen Antwort, und dann entscheidet Sie in Übereinstimmung mit Herz und Seele. Und glaubt mir, dies ist ein beständiger Kampf, sich gegen die lauten Stimmen des Egos durchzusetzen und dazwischen die sanften Töne von Herz und Seele zu erkennen.

Sie lebt all dies, was Anderen als zu schwierig erscheint, oder zu nichtssagend, oder eben nicht zur momentanen Welle passend, genau dies ist, was ein enormes Wachstum in sich birgt. Hier findet Sie all die Schätze des Lebens verborgen. Sie bevorzugt die Wege, welche von anderen als unscheinbar, dornig, langweilig oder gar schmutzig empfunden werden, denn genau dort erwartet Sie manchmal, all die Wunder des Lebens.

Sie mag es, sich in den dunklen und verborgenen Gebieten vorzuwagen, dort wo alles voller Hindernisse und Herausforderungen erscheint. Diese Wege sind nicht einfach und Sie erfordern von Ihr genügend Mut und manchmal auf den Kampf mit sich selbst, sich vorzuwagen. Sie hat den Mut, sich nackt zu zeigen, zu Ihren Gefühlen zu stehen, so wie diese gerade erscheinen, denn all dies, was Ihre Gefühle offenbaren, ist unverfälscht und pur, Ihr Leben. Sie zeigt sich nicht jedem, denn dazu hat Sie sich noch zu viel Verletzlichkeit bewahrt. Sie ist nicht skrupellos und öffnet sich nur diesen Menschen, die sich bewusst sind, dass die Seele eines jeden Menschen verwundbar, angreifbar und sehr verletzlich ist, und die entsprechend mit dem Vertrauen anderer umgehen.

Sie wandelt negative Erlebnisse in Chancen, und lebt vor, dass jedes Gefühl gelebt werden darf. Und mit all dem, was sie lebt, kämpft Sie auch für alle anderen Frauen, die „Kriegerin der Liebe und des Herzens“ in sich selbst zu erwecken.

Die Kriegerin lebt zwar oft und auch gerne alleine oder zurückgezogen, trotzdem lebt Sie für all die mutigen, aber auch die resignierten Kriegerinnen dieser Welt, ihr Leben mit.

Sie möchte aufzeigen, wie einfach es sein kann, das Schwert gegen sich selbst zu führen. Gegen die Art der Gefangenschaft, oder des Bevormundens, oder gegen andere Barrieren, die euch hindern, euch selbst zu finden, sein eigens Schwert zu erheben und sich selbst freizukämpfen. Sie möchte dir vorleben, wie einfach es sein kann, an den Kern der eigenen Individualität zu gelangen und sich wie Phönix aus der Asche zu dem zu erheben, was Du wirklich bist.

Sie lebt dir vor, wie die Kriegerin des Herzens, sich selbst befreit und somit auch ein Stück weit für jeden anderen kämpft, der noch in der Gefangenschaft, der Normalität und der vorgeschriebenen Regeln lebt, wie man zu leben, und zu lieben hat.

Was Sie dir sagen will, ist, habe den Mut gegen all die Dämonen und Begrenzungen in dir und um dich zu kämpfen, zeige ihnen ihre Grenzen und achte Du selbst deine Grenzen, indem Du in dich fühlst, was dein Innerstes wirklich will. Indem Du in regelmäßig Zwiegespräche mit deiner Seele führst. Indem Du zwischen deine Herzschläge fühlst, um zu erkennen, wohin dein Weg dich wirklich führen will.

Sie will dir Vorleben, dass es nur eine Gefangenschaft gibt, Jene die Du dir selbst auferlegst, indem Du ständige Anpassung lebst und deine Seele dabei verkümmern lässt.

Ergreife symbolisch dein Schwert, indem Du auf den Rhythmus deines Herzens lauschst und die Stimme deiner Seele erhörst, und erheb es im Sinne der Liebe zu dir selbst.

Unperfekt

Sie möchte nicht perfekt sein,

würde dies doch bedeuten, dass Sie denkt,

alles in sich zu vereinen,

was man als richtig ansieht.

Aber, Sie ist nicht richtig für andere,

sondern für sich selbst.

Sie lebt so, dass Sie sich mit sich selbst wohlfühlt,

völlig ungeachtet dessen,

was die Welt als richtig oder falsch ansieht.

Sie hat für sich erkannt,

dass Sie das echte Leben nur da findet,

wo keine Perfektion gefordert ist,

weil nur Veränderung Ihre Seele bereichert.

Sie weiß, dass Perfektion nicht existiert,

sondern nur eine Entschuldigung dafür ist,

sich nicht mehr weiterzuentwickeln,

da stehen zu bleiben wo man gerade steht,

denn Perfektion beinhaltet,

dass alles erreicht ist,

dass nichts mehr zu erfahren ist.

Da Sie jedoch den Weg der Erfahrung wählte,

ist Sie alles andere als perfekt.

Sie bleibt im Wandel des Erlebens,

tief in Ihrer Seele wissend,

dass Sie das Leben erfahren und fühlen will,

und deshalb niemals Perfekt sein kann.

Der Weg des Herzens

Die Kriegerin weiß,

dass viele Stürme Ihren Lebensweg kreuzen.

Sie geht mitten hindurch,

lässt sich mitreißen und durchschütteln.

Sie wirft sich mitten hinein,

in die windigen Wogen,

lässt sich vertrauensvoll davontragen,

in der Gewissheit,

immer richtig zu landen.

Nach manchem Lebensorkan

findet Sie sich auf neuen Wegen wieder,

und doch weiß Sie,

da wo das Leben Sie landen lässt,

dort wo Sie der Weisheit des Seins vertraut,

da ist Sie auf dem Weg des Herzens.

Der Puls des Lebens

Sie will das Leben nicht verstehen,

Sie will es in all seiner Vielfältigkeit leben.

Sie will in es eintauchen, die Geheimnisse ergründen,

die im Kleinsten, wie auch im Größten

auf die Offenbarung des Lebens warten.

Sie sucht nicht nach Gründen,

sondern empfängt mit offenen Armen,

all die kleinen oft unscheinbaren Wunder,

die doch in der ganzen Summe,

das Geheimnis Ihres Lebens offenbaren.

Dort wo manch einer unbedacht vorüber eilt,

dort fühlt Sie das pure Leben,

denn der Sinn des Daseins pulsiert farbenfroh,

in den Schatten und Grauzonen Ihres Weges.

Nein, Sie muss das Leben nicht verstehen,

Sie will dort eintauchen, wo nichts zu sein scheint,

jedoch fühlbar der Puls des Lebens schlägt.

Die Kriegerin des Herzens

Weißt Du wie viele Kämpfe Sie ausgefochten?

Siehst Du, dass Ihr Kampfplatz Sie selbst ist?

Fühlst Du, was Sie alles in sich trägt?

Wie also kannst Du die Kriegerin verurteilen,

wenn Du nicht einen Moment

Ihres Lebens gefühlt hast?

Manche stören sich an dem Titel, den Sie sich gab.

Ist Sie denn nicht, die Kriegerin des Herzens,

indem Sie Ihre authentische Art in die Welt lebt,

indem Sie erkennt, dass jeder seine Arena in sich trägt,

und Sie sich vor jenen voller Ehrfurcht verneigt,

die den Kampf mit sich selbst nicht fürchten?

Denn sie alle, die das Schwert der Liebe führen,

fechten viele innere Kämpfe aus um,

ihre Dunkelheit in Licht zu wandeln,

und so bei jedem gewonnenen Kampf,

der Welt einen neuen Lichtstrahl schenken.

Sie alle führen das Schwert gegen sich selbst.

indem sie sich ihren Dämonen stellen,

und schweigend innere Kämpfe ausfechten,

um ihre persönlichen Schatten zu besiegen.

Um die Dunkelheit in sich, in Licht zu wandeln,

kämpfen sie für jeden, indem sie ihm vorleben,

sich seiner eigenen Finsternis zu stellen.

Sie verneigt sich vor der Vielfalt des Lebens,

während Sie sich beständig zum Licht hin verwandelt.

Sie trägt den Namen „Kriegerin des Herzens“ zu Recht,

denn Sie lebt dir vor aus dem Herzen zu leben,

und zu lieben und so sich selbst zu leben.

Sie lässt nichts los

Sie lässt nichts los,

verdrängt oder löscht die Vergangenheit nicht.

Denn in jedem einzelnen Moment

blieb ein Funke Gefühl von Ihr zurück.

Wie Staubkörner des Lebens,

liegt Sie selbst über allem,

was Ihr Dasein ihr schenkte.

In Ihrer Vergangenheit

liegen all die Gaben des Lebens verborgen.

Dort formte sich Ihre Seele.

Sie lässt nichts los,

was einmal war, ist Sie selbst gewesen.

Was Sie jetzt Ihre Weisheit nennen darf,

gebar sich aus jedem gelebten Moment.

Und dies, was Sie einmal sein wird,

erwacht zwischen der Staubschicht,

all Ihrer früheren Zeiten zu dem was Sie sein soll.

All dies, was das Leben noch bereithält,

wird als leuchtende Flamme neu geboren,

aus all den Funken Ihres Selbst,

die Sie in den gefühlten Momenten versprühte.

Nein, Sie lässt nichts los, verdrängt nicht,

sondern empfängt die Segnungen,

die in jedem Erlebnis schlummern.

Nur so kann Sie werden,

was sich das Leben von Ihr wünscht.

Die neue wilde Frau

Man sagt, die „Neue Frau sei eine wilde Frau“

Weißt Du eigentlich, wie Sie gesehen werden will?

Sie ist wild Ja ...

Sie ist aber auch ...

sanft ...

kämpferisch ...

friedvoll ...

in sich ruhend ...

aufbrausend ...

heilend ...

liebevoll ...

und stark indem Sie einfach nur authentisch lebt.

Zwischen all dem, was wirklich in ihr lebt,

ist auch Ihre Wildheit verborgen.

Jedoch wird Sie sich nicht von Dir einsortieren lassen,

in eine Wildheit, die Sie so nicht leben will,

in eine neue Wildheit, welche plötzlich den Frauen

auf den Leib geschrieben wird.

In all den Jahrtausenden

wurden so viele Rollen von der Frau erwartet,

nun, wo sich die Frauen freikämpfen konnten,

von Regeln und Normen,

von Pflichten und Namen, die man ihr gab,

nun sind es gerade Frauen,

die von der „neuen wilden Frau“ sprechen.

Wieder eine Rolle, wieder eine Auflage,

wieder ein fremdes Bild

und wieder ein leuchtender Stempel,

von Frauen gezeichnet, den Sie nicht tragen will.

Weißt Du, wie Sie gesehen werden will?

Genauso wie Sie ist, in all Ihrer Vielfältigkeit,

in all Ihren Facetten, in all Ihren Farben,

die Sie in Ihrer Einzigartigkeit prägen.

Jahrtausende kämpfte Sie darum, Frau sein zu dürfen,

um sich den Namen zu wiedersetzen,

die Männer Ihr aufdrängten.

Nun soll Sie wieder kämpfen,

um dem Bild gerecht zu werden,

welches Frauen für Sie zeichnen?

Sie wird nur um eines kämpfen ...

Sie selbst sein zu dürfen,

Sie will nur Eines ... zurück zu Ihren eigenen Wurzeln,

in denen alles lebt, was Sie tief in Ihrem Inneren ist ...

die Liebende, die Heilende,

die Kämpfende, die Friedliche,

die Liebevolle, die Ruhige,

die Schwache, die Starke,

die Gebende und die Fordernde,

und manchmal, wenn Sie es leben will,

geboren aus Ihrer Sanftheit heraus,

auch die wilde Frau.

Wahrheit

Sie weiß,

dass andere nur diese

Wahrheiten in Ihr erkennen können,

die Sie Ihnen vorlebt.

Sie weiß,

dass nur solche Weisheiten,

welche Sie aus dem Herzen lebt,

auch in andere Herzen finden können.

Sie hat erkannt,

dass Ihre Energie nur so rein fließt,

wie Sie in Ihrer eigenen Wahrheit lebt.

Und sie geht ihn,

voller Demut und Liebe,

den Weg Ihrer ureigenen Wahrheit.

Weißt Du?

Weißt Du,

wenn Du Sie,

die dir ihre Liebe zeigt,

verletzt, weil Du Angst

vor deinen Gefühlen hast,

so fügst Du dir selbst,

die tiefsten Narben zu.

Wenn Du dich von ihr abwendest,

weil Du die Tiefe dessen nicht erträgst,

was sie in dir auslöst,

so beraubst Du dich um die Liebe,

nicht sie.

Sie trägt ihre Liebe zu dir offen,

weiß um deren Tiefe,

und die Gefühle, die in ihr leben.

Weißt Du,

wenn Du wegläufst,

weil sie etwas in dir

zum Schwingen brachte,

was dich zu dir selbst führt,

und was Du nicht fühlen willst,

dann fügst Du dir Wunden zu,

die schwer heilen werden,

nicht ihr, die der Liebe zu dir

einen Platz in ihrem Dasein gibt.

Sie wird dich immer lieben,

doch sie ist nicht angewiesen,

dass Du Ihre Liebe annimmst,

denn sie hat dir schon längst ein Zuhause

in ihrem Herzen geschenkt.

Die Kriegerin der Liebe,

liebt der Liebe wegen,

Du musst Sie nicht in dein Leben einladen,

denn, egal wohin ihr Weg auch führt,

Sie trägt diese Liebe immer in sich.

Erleuchtung

Sie hat lange gebraucht,

Ihren Sinn des Lebens zu erkennen.

Er war so einfach,

dass er kaum zu erfassen war.

So unscheinbar

und doch so alles erklärend.

Sie hatte erkannt,

dass es einzig darum ging,

jeden einzelnen Moment

Ihres Lebens zu genießen.

Hinabzutauchen in Momente,

in Gefühle seien sie schmerzhaft,

oder glückselig, liebevoll oder hart,

an der Oberfläche schwimmend,

oder steil in die Tiefe gehend.

Es ging darum, zu erkennen,

dass Ihr ganzes Leben

immer nur ein einziger Moment war,

eine Sekunde, die nie mehr zurückkam,

Augenblicke, die alles verändern können,

und Bruchteile der Zeit, die sie alle zusammen

zu dem formten, was Sie sein sollte.

Jeder Moment war Sie selbst,

Jeder Augenblick, war Ihr Leben,

Jeder einzelne Bruchteil

ergab die Summe all dessen,

was Sie Ihr Sein nennen konnte,

alles was Sie besaß,

lebte immer nur in diesem Augenblick.

Eine Erleuchtung,

in einem unscheinbar kurzen Moment,

und doch enthielt dieser Moment,

alle Weisheit Ihres Lebens.

Sie erkannte, dass es nichts Wertvolleres gab,

als das Sein in der momentanen Sekunde.

Denn, innerhalb eines Momentes

tat Sie den ersten Atemzug,

innerhalb eines Augenblicks

wird Sie den letzten einatmen.

Alles dazwischen ist eine Aneinanderreihung

einzelner Atemzüge,

in deren Summe Sie durch Ihr Leben geht.

Die Magie des Augenblicks ist es,

der den Zauber Ihres Lebens gebiert.

Der eigene Weg

Sie lebt individualistisch, ohne Anleitung,

ohne fremde Pläne.

Ihr Leben, Ihr Herz, Ihre Gefühle und,

die Wünsche Ihrer Seele sind es,

die Sie vorwärtstreiben, oder ruhen lassen.

Fremde Wege sind nicht die Ihren,

Zwänge, Regeln, Normen, gehören nicht zu Ihr.

Dass was andere Meinen, was gut für Sie sei,

ist genau dies, was Sie von Ihrem Sein entfremdet.

Sie lebt sich selbst, und lebt damit anderen vor,

dass eine freie Seele ihrem Weg vertraut und,

wieviel Glück darin liegt, sich selbst zu sein.

Und so lebt Sie auf Ihrer Lebensreise,

anderen den eigenen Weg vor,

ohne dass diese Ihren Pfad begleiten müssen,

finden sie den Platz in sich,

um eigene Spuren zu hinterlassen.

Ihr Licht

Sie trägt ein Licht durch Ihr Leben,

hält es beständig am Leuchten.

Nie geht Sie ohne dieses Glühen Ihrer Wege.

Sie schenkt seinen Schein einem jeden,

der Ihre Wege kreuzt.

Haucht Funken davon in jene Herzen,

die vergessen haben,

dass auch sie strahlen,

um Ihnen Kraft zu schenken,

ihr eigenes Licht zu befreien.

Sie trägt eine Flamme durch Ihr Leben,

auf allen Wegen, in allen Situationen

leuchtet ihr diese wie ein Kompass durch Ihr Sein.

Wer auch immer Ihr begegnet,

fühlt die Funken Ihres Feuers,

in sich selbst erwachen.

Sie trägt ein Licht durch Ihr Dasein,

die Flamme der Liebe.

Träume und Visionen

Sie weiß,

dass Ihre Gedanken Ihr neue Wege öffnen können.

Sie kennt,

die Kunst des Visualisierens sehr gut.

Jedoch weis Sie auch,

dass Wünsche und Träume alleine

Ihr keine neuen Wege öffnen,

sondern nur die mutigen Schritte nach vorne.

Und doch,

Ihre Gedanken, Ihre Träume und Visionen,

sind unabdingbar, sind notwendig,

weil diese erst den Mut gebären,

Ihre Wege hinein ins Unbekannte zu gehen.

Und dort,

auf den neuen Wegen kann Sie diesen Visionen,

mit Ihrer eigenen Kraft so viel Leben einhauchen,

dass Sie vor Ihr auferstehen.

Sie fühlt, dass das Universum,

jedem, der Mut besitzt,

seine Wünsche nicht nur zu träumen,

viele Chancen und Gelegenheiten auf den Weg legt.

Und Sie greift zu,

auch wenn Sie das Resultat noch nicht sehen kann,

Sie packt die Gelegenheiten und gibt all Ihre Energie,

um dann erstaunt zu erkennen,

dass jeder Wunsch auch leben kann,

und manchmal Ihre kühnsten Visionen

zu übertreffen vermag.

Frei sein

Sie will einfach nur frei sein,

sich selbst fühlen können,

die Atemzüge der Freiheit tief einatmen,

unendlich in die Ewigkeit fühlen,

und all den Raum um sich genießen.

Frei sein, zu leben und zu lieben,

wenn und was es Sie verlangt.

Sie will den Weg der Gegenliebe

nicht suchen zu müssen,

sondern auf lichten Wegen wandelnd,

endlos die Liebe in sich zu fühlen,

und anderen doch den Raum lassen,

Sie zu begleiten oder abzubiegen.

Einfach frei sein,

ohne Wege zu suchen,

und Ziele zu definieren,

denn die Wege finden zu Ihr,

und Sie selbst lebt das Ziel,
indem Sie frei ist, zu entscheiden,
den Linken, den Rechten
oder keinen neuen Weg zu wählen.
Einfach frei sein,
sich in die nächste Lebenswelle
zu werfen und davontragen zu lassen,
mitten ins Leben,
und doch an völlig neue Ufer.
Frei sein um jeden Augenblick zu leben,
in Momenten zu versinken,
als wären es Ewigkeiten.
Frei ist Sie,
weil Sie sich selbst genügt,
wie Sie ist, wie Sie war,
und wie Sie sein wird,
dies ist Ihr größtes Geschenk an das Leben.

Die heilige Quelle der Liebe

Sie trägt das Wissen in sich,

dass niemand Sie erleuchten kann,

denn in Ihr lebt das Licht seit Ewigkeiten,

der Funken allumfassender Liebe

aus dem Sie geboren wurde,

leuchtet stets in Ihr.

Alles Wissen aus Urzeiten

schlummert in Ihrer Seele,

um von dort zur rechten Zeit zu erwachen.

Die Erkenntnis das nur Sie selbst

Ihr Leuchten anzünden und erwecken kann,

ist die tragende Kraft in Ihrem Leben.

Niemand kann Sie erwecken,

und mit Weisheiten segnen,

denn alles, was für Sie bestimmt ist,

lebt schon immer in Ihr

um im richtigen Moment zu erwachen,

denn Erleuchtung lässt sich nicht in Sie integrieren,

sie kann nur in Ihr und durch Sie selbst erwachen.

Sie weiß, wann immer Sie nur Sie selbst ist,

Ist Ihre Weisheit voll erwacht.

Wieso sollte Sie erleuchtet werden,

wenn Sie doch aus der heiligen Quelle

der Liebe, geboren wurde?

So wie ein jeder von uns!

Gefühle der Stille

Wenn Ihr mal wieder so fühlbar bewusstwird,

dass all die Liebe die Sie in sich trägt,

ihren Ursprung nicht hier hat,

sondern dort, wo Sie und Er Eins sind,

dort wo es keine Fragen, sondern nur Fühlen gibt,

an dem Ort, wo Berührung und Fühlen

jedes Wort ersetzt, dass jemals gesprochen wurde,

und so der Wortlosigkeit in sich,

den Sinn gibt im Schweigen Eins zu sein.

Dann wird Sie einfach still und fühlt dich dort,

wo Du nicht hin fühlen willst,

dort wo Du das Schweigen zwischen euch

mit den lauten Tönen deiner Ängste überdeckst,

dort in den hintersten Winkel deines Selbst,

wo der Ursprung und das Wissen über die Liebe

tief in deine Seele gezeichnet ist,

und Du jegliche Berührung fürchtest,

weil der leiseste Gedanke an dies,

was einmal war,

und an alles was sein kann,

dich bis in deinen Beginn hin erschüttern würde,

dort lebt Ihre Liebe so tief verwurzelt in dir selbst,

dort und nur dort, ist die Heimat, die es zu finden gilt.

Dort lebt ihre Stille auf,

und wandelt sich in all die Gefühle,

die in der realen Welt nicht leben dürfen.

Freisein leben

An nichts festzuhalten,

ist ihr Weg.

Keine Lasten tragen,

die nicht in Ihr Leben gehören.

Allem was Sie bedrückt,

und in schwere Gedanken zieht,

schenkt Sie die Freiheit,

um so das Eigene

Freisein leben zu können.

Alles was Ihr Denken fesselt,

zeigt ihr, dass Sie festgehalten wird,

in Themen,

Situationen,

Gefühlen,

die nicht zu Ihr gehören.

Denn nur was wirklich ein Teil von Ihr ist,

erfüllt Sie mit dem Gefühl,

frei zu sein, Ihr Leben selbst zu lenken.

Die Menschen, die zu Ihr gehören,

sind jene, mit denen zusammen,

Sie sich nicht gebunden fühlt,

die welche den Luxus des eigenen Weges

aus tiefstem Herzen schätzen,

und doch Gemeinsamkeit leben können,

ihnen schenkt Sie sich aus ganzem Herzen.

Das nicht Hörbare

Sie sieht nur dein Herz,

hört der Sprache deiner Seele zu.

Sie will nur wissen,

was dein Mund verschweigt,

und doch durch dein Fühlen spricht.

Es interessiert Sie,

was zwischen euch schwingt,

und nur gefühlt verstanden wird.

Sie weiß,

wie trügerisch Worte sind,

selbst für den der sie spricht.

Sie hat erkannt,

dass das nicht Hörbare,

alles erzählt, was verbindet oder trennt.

Sie hört mit dem Herzen zu,

weil Sie inmitten des Verschwiegenen,

die Schönheit deiner Seele erkennt.

Glück und Schmerz

Als Sie tief in sich fühlt, in diese Unsagbare

Sehnsucht hineintaucht,

fühlte Sie voller Schmerz, dass manche Abschiede,

zwar für immer sind,

aber einige wenige davon für immer in Ihrem Fühlen,

ihr Zuhause haben werden.

Und doch wusste Sie auch, dass jeder Schmerz,

auch ein Erinnern ist ...

ein Wiederauferstehen von ehemals Wundervollen

Momente des Lebens.

Und so leben in der Seele, Glück und Schmerz,

in intensiver Umarmung ihr Dasein ewig weiter.

Einsortiert

Manchmal ist Sie es einfach leid,

von anderen zu hören, wie Sie sein soll,

wie Sie Ihr Eigenes Ich leben und lieben soll,

oder was ihre Seele sich wünschen müsse.

Es ist beschwerlich, von anderen,

akkurat und konzentriert einsortiert zu werden,

in Schubladen, Register und Kästchen,

aufgrund dessen, was Sie sagt und tut,

wie Sie sich zeigt oder was Sie nicht zeigt.

Es ist Ihr inzwischen ein Bedürfnis,

jenen die meinen Sie zu kennen,

und sich über Sie ein starres Urteil bilden,

den Rücken zu kehren, einfach weiterzugehen.

Es drängt Sie nicht mehr dazu,

sich zu erklären und schiefe Bilder von Ihr,

an Wänden, die Sie nicht bewohnt,

wieder liniengenau geradezurücken.

Sie hat erkannt, dass Ihr sich schwachfühlen,

nur in dem Raum erwacht,

den andere von Ihr beanspruchen.

Dass die Stempel und Forderungen,

die man Ihr aufzudrücken versucht,

ein Versuch von außen sind,

Ihre Stärken in Schwächen zu kleiden.

Sie zieht sie sich nicht mehr über,

die Gewänder anderer, sie lässt die schiefen Bilder,

die andere sich von Ihr machen, schief hängen.

Sie dreht sich um und lässt ihnen das Bild,

welches nicht Sie selbst zeigt,

um das was Sie selbst von sich erkennt,

voller Stärke, in die Welt zu tragen.

Verstehen

Nicht jeder versteht,

Ihre Art zu leben.

Viele empfinden Sie

als Provokation ihrer eigenen Werte.

Und ist es doch genau dies,

was Sie ausmacht,

anderen durch Ihre Art,

dass Dasein zu gestalten,

aufzuzeigen, wie sehr sie im Gefüge,

der Allgemeinheit gefangen sind.

Nein, nicht jeder geht an Ihr vorüber,

ohne sich getroffen zu fühlen,

durch Ihren Hang zur Freiheit,

durch Ihre Aufrichtigkeit dem Leben gegenüber,

indem Sie lebt, was Sie ist,

nicht was man in Ihr sieht.

Nicht jeder erkennt Ihr Wahres Ich,

weil kaum einer die Ehrlichkeit,

und Liebe zum Leben versteht,

die ihre eigensinnige Art begleitet.

Die Liebe ist

Die Kriegerin hat erkannt,

dass Ihre Liebe zu dem einen,

nicht seinen Namen tragen muss,

um die Berechtigung zu haben,

Ihr Herz und Ihr Sein zu erfüllen ...

denn diese Liebe ist einfach.

Sie weiß, Ihre Liebe muss nicht

an seiner Person definiert werden,

und auf seine Zustimmung warten,

denn, diese Liebe lebt einfach in Ihr.

Die Kriegerin weiß,

Sie muss nicht danach streben,

diese Liebe in eine Zweisamkeit zu zwingen,

denn sie ist bereits erfüllt, indem sie in Ihr lebt,

trägt Sie die Liebe in den Sinn Ihres Lebens hinein.

Mitten in deiner Seele

Dich zu lieben,

bedeutet für Sie nicht,

dass Sie wiedergeliebt werden muss.

Diese Liebe lebt in Ihr,

und Sie lässt sich von diesem Gefühl tragen.

Dich zu halten,

bedeutet für Sie nicht, dass Du da sein musst.

Und doch hält Sie

schützend Ihre Liebe über dich,

egal wo Du dich befindest.

Es ist Ihr egal,

ob Du Ihr Liebe oder Gefühle schenkst,

oder Du Sie in deinem Herzen erkennst,

denn Sie hat sich selbst erkannt,

mitten in deiner Seele.

Voller Schwächen und doch stark

Du sagst Ihr, Sie ist stark.

Sie jedoch sagt Dir,

„Ich bin voller Schwächen."

Oft fühlt Sie sich schwach,

müde und ausgelaugt.

Manchmal möchte Sie all dies,

was in der Welt passiert,

nicht mehr sehen müssen.

Und doch, steht Sie immer wieder auf,

geht hinaus und schaut sich den Wandel an,

den die Zeit mit sich getragen hat.

All dies sieht Sie mit Ihren Augen,

hat dazu Ihre eigenen Gedanken.

Sie erkennt die wahren Gründe,

hinter dem Schauspiel der Zeit.

Sie sieht die Welt nicht

als Spiegel Ihrer selbst.

Sie sieht sie auch nicht,

wie andere sie Ihr berichten.

Würde die Kriegerin dies tun,

würde Sie es falsch sehen.

Die Welt ist was sie ist,

ein Schauplatz für Menschen.

Ein Übungsplatz für Seelen.

Und ja, auch ein Kampfplatz

für egoistische Ziele.

Ein Spielplatz für Maskenträger

und ein Übungsplatz für Hobbypsychologen.

Du sagst Ihr „Sie ist stark" und meinst doch nur,

stark sein darfst du nur,

wenn Du so bist, wie ich dich sehe.

Jedoch, wenn du meinst,

dass Ihr Sie selbst sein, Stärke bedeutet,

Ja, dann ist Sie stark.

Das Geheimnis der Liebe

Sie lebt das Geheimnis der Liebe,

indem Sie Ihre Gefühle für jemanden

einfach genießt,

sich daran erfreut,

dass eine tiefe Liebe

in Ihrem Herzen lebt.

Sich ganz ohne drängen,

wollen und erwarten,

in die Gefühle zu anderen

fallen lässt und stets

dem Leben zu vertraut,

indem Sie mit dem Gedanken lebt,

dass es alles richtig für Sie fügt.

Kein Pro kein Contra

Sie muss nicht für, noch gegen etwas sein,

um Ihren eigenen Weg zu erkennen.

Sie muss keine Partei ergreifen,

um dazuzugehören.

Sie schaut mit eigenen Augen

auf die Welt und die Geschehnisse.

Sie erkennt die Manipulation,

hinter der Forderung sich für Pro

oder Contra zu entschließen,

und sie weiß, dass jede Seite,

ihre Berechtigung hat.

Sie sucht das Ausgewogene,

das was sich im Herzen richtig anfühlt,

nicht die Auseinandersetzung

oder aufreibenden Wettbewerb.

Sie wird sich immer für dies entscheiden,

was Ihrer Seele Leichtigkeit schenkt.

Aufstieg

Wozu braucht Sie den universellen Aufstieg,

den so viele anpreisen oder suchen?

Ihr Leben selbst ist ihr Aufstieg ...

keine andere Macht kann ihr diesen geben,

oder ihn für sie bewältigen ... nur Sie selbst.

Keine nebulösen Tendenzen des Universums,

keine fremden Wege die Sie nichts lehren,

was Sie sich selbst finden lässt.

Sie braucht keine schwammigen Frequenzen,

die irgendwer dem Universum zuschreibt,

denn Sie selbst ist ein Teil des Kosmos.

Sie selbst ist schwingende Energie,

wozu also auf Aufstiegstendenzen warten,

wenn doch alles in Ihr schlummert,

um Ihren Weg, in Ihre Entwicklung zu finden?

Sie braucht keine mysteriösen Wege denn,

In Ihrer Seele lebt alles,

was Sie wissen und fühlen muss,

und mit Achtsamkeit zu sich selbst,

Demut zu allem was lebt und einem offenen Herzen,

erkennt Sie Ihre Herausforderungen selbst.

Nur Sie kann Ihre Träume erwecken und ihnen folgen …

dies ist Ihr Aufstieg, die eigenen klaren Visionen,

die Ihrer Seele entspringen,

und denen Sie voller Vertrauen folgt.

Heilerin

Weißt Du ...

man nennt Sie Heilerin,

weil jene, die Sie im Herzen berührt,

wieder Fühlen lernen,

und überrascht werden,

von dem, was in Ihnen erwacht.

Du nennst Sie Heilerin,

weil Sie mit Liebe spricht,

wo Du nur noch harte Worte hast.

Du nennst Sie Heilerin,

weil Sie dich da berührt,

wo kein anderer hinfindet,

weil er sich

vor deiner Dunkelheit fürchtet,

doch Sie erkennt,

das hinter deiner Härte,

die reine Liebe wohnt,

durch Ihre Berührung

leuchte deine Flamme auf.

Und doch bist Du es selbst,

der sein eigens Licht scheinen lässt,

Sie hat dir nur gezeigt,

dass deine Flamme noch flackert,

erweckt hast Du sie selbst,

indem Du Ihre Berührung zugelassen hast.

Einfach da ...

Sie ist einfach da, wenn Du Sie brauchst,

ohne dich und dein Leid zu analysieren.

Sie ist einfach da und umarmt dich,

und all deinem Schmerz, im Meer deiner Tränen.

Sie ist einfach da,

hört deiner Stille zu und versteht,

all dies was in deinem Kummer lebt.

Sie ist einfach da,

hält dich ohne dich zu anzufassen,

indem Sie deinen Schmerz nicht beschönigt,

dir nichts abnimmt, dich nicht belehrt,

dich in keine Richtung lenkt,

und dir somit deine eigenen Wege offenhält.

Sie ist einfach nur da, wissend,

dass dies Einfache angenommen sein,

alles ist, was DU gerade brauchst.

Sie ist einfach nur da, fühlend,

dass nur dieses Annehmen all dessen

was Du jetzt bist,

mit all dem Schmerz und den Tränen,

dir deinen Weg

in deine eigenen Lösungen zeigen kann.

Sie ist da,

in Ihrer vollen Kraft präsent, nur für dich,

gibt dir von Ihrer Kraft, die durch Ihre Stille fließt,

umhüllt dich stärkend mit Ihrer ruhigen Präsenz,

ahnend, dass Du in dem stillen Einvernehmen

erkennst, dass nur Du selbst dich aufrichten und

deinen Weg wiederfinden kannst.

Still lächelnd steht Sie da und schaut zu,

wie Du aufrecht, deine Pfade wieder beschreitest,

ohne zu ahnen, welches Geschenk Du Ihr,

mit deinem stillen BeiIhrSein gegeben hast.

Die wahren Schätze des Lebens

Ihr stellt sich nicht die Frage,

wohin Sie gehen will,

sondern Sie fragt sich,

ob die Wege die vor Ihr liegen,

Sie in das eigene Wachstum führen.

Sie will wissen, ob es Wege des Herzens sind,

oder Pfade die Sie nur in einen schönen Schein hüllen,

jedoch die Substanz des wahren Lebens verbergen.

Es interessiert Sie nicht,

wie viel Leid und Glück,

am Wegesrand warten,

sondern ob die Erfahrungen,

die ihr begegnen echt sind,

frei von Egoismus und Zwang,

frei von Wettbewerb und Selbstdarstellung,

und frei vom blendenden Glanz moderner Trends.

Sie erkennt, dass Wege die steinig aussehen,

diese sind, welche die meiste Liebe in sich bergen.

Und Sie hat schon erfahren,

dass die leuchtenden Pfade,

meist nur leere Fassaden

und ausgetretene Spuren bieten.

Sie geht gerne dort,

wo andere keine Schritte setzen,

dort wo das Licht nicht zu existieren scheint,

und nur Schatten und Wolken ihre Zeichen setzen,

denn dort inmitten dessen,

was so unscheinbar wirkt,

dort wachsen die Pflänzchen der Liebe am tiefsten,

dort verbergen sich die wahren Schätze des Lebens,

die so unscheinbar im Schatten des Seins leben.

Sie zu ans Licht zu heben, ist Ihr Herzenswunsch.

Wegbegleiter

Sie lässt hinter sich,

was ihr nicht mehr dient,

Sie lässt alles zurück,

was ihren Weg nicht versteht.

Sie lässt gehen,

was nicht zu halten ist.

Sie befreit sich selbst,

indem Sie Ihr Gepäck erleichtert.

Niemand muss Ihr folgen,

der Ihrem Weg zu beschwerlich,

zu verrückt,

zu unbeständig,

oder für zu lange hält.

Doch wer Sie begleitet,

wird die Wunder des Lebens erkennen,

die wirklich wichtigen Dinge fühlen.

Sie wird dir Ihre Art,

zu sehen nahebringen,

wird dir vorleben,

wie sehr der Weg des

Fühlens, Spürens, Liebens,

und des bewussten Gehens,

dein Leben verändern kann.

Wer Sie ein Stück weit begleitet,

wird auch dann,

wenn Sie wieder Ihrer Wege geht,

Ihre Art zu leben und zu lieben,

in jedem Schritt fühlen.

Sie wird dir im Herzen

ein treuer Wegbegleiter bleiben.

Die eigene Mitte

Sie lässt sich nicht provozieren,

nicht aus ihrer Ruhe bringen, denn sie weiß,

wenn sie sich in solche Spielchen ziehen lässt,

dann kämpft nur ihr Ego und nicht ihr Herz ...

dies ist nicht Ihr Weg und nicht Ihre Mission.

Die Spiele anderer führen meist in sinnlose Streite,

um Gewinn und Niederlage,

die Bewahrung des Stolzes,

der wiederum nur weitreichende Grenze steckt,

wo Offenheit und Liebe keinen Durchlass bekommen.

Die Spiele anderer

sind doch meist versteckte Ansprüche,

um Macht, Anerkennung und Ansehen.

Zu all diesen Dingen zieht es Sie nicht.

Sie sucht nach vergangenen Leben voller Kämpfe,

nur die Ruhe und Mitte des Lebens,

und fühlt, dass Sie diese nur dann findet,

wenn Sie in Ihrer eigenen Mitte angekommen ist.

Diese findet Sie nur in sich selbst,

und nicht in einem nie endenden Bemühen,

Ansehen, Ruhm und Macht zu erlangen.

Fluss der Bestimmung

Und dann lässt Sie es einfach sein,

das Warten darauf, dass Dinge sich erfüllen.

Sie nimmt Platz, mitten im Garten Ihrer Seele,

und wird zum Beobachter Ihrer Wünsche.

Sie sitzt hier, in mitten Ihrer Träume,

lässt jeden Einzelnen Revue passieren,

und erkennt, Sie will nichts mehr sein,

was Sie nie war und nie werden würde.

Sie möchte nichts mehr erhoffen,

und ständig Illusionen verfolgen.

Hier, in der Stille mit sich selbst,

erkennt Sie Ihren wahren Weg

zur Meisterschaft ...

das Verbinden mit dem Universum

und allem was ist.

Vertrauensvoll wirft Sie sich mittenhinein,

in den Fluss Ihres Lebens

Sie will keine Illusionen mehr verfolgen,

die nicht in Ihr Leben gehören.

Sie will einfach nur

mit dem Fluss Ihrer Bestimmung fließen,

sich reinwaschen,

von allen fremden Wünschen,

abschütteln was nicht zu ihr gehört,

und in die Unendlichkeit Ihres Seins fließen.

Sie will sich hineinwerfen,

in den wirbelnden Strom Ihres Lebens,

um dort gefunden und geborgen zu werden,

von all dem was schon so lange auf Sie wartet.

Sich selbst sein

Sie ist in jedem Moment genau das, was Sie sein soll.

Sie muss sich nicht verändern, um spirituell zu leben.

Sie muss nicht frech, wild und wunderbar sein,

wenn Ihre Gefühle gerade auf Talfahrt sind.

Sie muss nicht das Beste aus sich herausholen,

denn Sie ist schon mein Ihr Ich.

Indem Sie jeden Moment lebt,

wie Sie sich gerade fühlt,

kann Sie so sein,

wie Sie in Ihrem tiefsten Inneren ist.

Sie muss sich in nichts verbessern,

denn alles was gerade in Ihr ist, ist richtig für Sie.

Sie muss keine spirituellen Regeln befolgen,

um auf irgendeinen obskuren Aufstieg teilzunehmen,

denn Sie ist, wie Sie sein will,

spiritueller geht es nicht.

Sie muss keine Liebe in sich erwecken,

denn Sie ist das Leben und somit voller Liebe.

Jedoch nimmt Sie sich die Freiheit,

die Liebe so zu leben, wie es Ihr Ich will,

und lebt damit die Liebe in reinster Form,

ohne aufgesetztes Getue und Veränderungen

die nicht zu Ihr gehören, die nicht Sie sind.

Wozu sollte Sie sich ändern, an sich arbeiten,

sich optimieren, wo alles an Ihr ist, wie es sein soll,

indem Sie einfach nur sich selbst lebt.

Wieso soll Sie Glück nach außen strahlen,

wenn Sie gerade unglücklich ist.

Damit verbessert Sie sich und Ihr Leben nicht,

damit würde Sie in ein Leben der Lüge hineinleben.

Nein ... Sie nimmt sich ganz frech ...

wild ... und wunderbar, diese Freiheit,

jeden Moment nur Sie selbst zu sein.

Wahrheit

Sie ist immer ehrlich, immer direkt,

sagt immer die Wahrheit,

auch wenn Dich diese schmerzt,

aber Sie lässt Dich nie im Unklaren.

Gibt niemals einfach Hoffnungen,

die nicht einzuhalten sind.

Sie weiß, Sie fügt mit der Wahrheit Schmerz zu,

aber mit einer Lüge

würde Sie wunden schneiden,

deren Narben nie wirklich heilen werden.

Die Kriegerin verletzt dich vielleicht,

mit den ehrlichen Worten.

Diese werden sich Dir irgendwann

als heilend erweisen.

Jedoch schlägt Sie Dir keine Wunden,

durch Lügen und falsche Hoffnungen,

welche Du dauerhaft auf der Seele tragen müsstest.

Liebe

Weißt Du, wieso Sie so tief lieben kann,

ohne zu zweifeln oder sich zu verlieren?

Es ist Ihr egal, ob der den Sie liebt,

bei dir ist oder nicht,

wahre Liebe lebt und atmet,

in Ihr - mit Ihr – immer bei Ihr.

Egal, wen Sie liebt,

jener ist immer bei Ihr.

Sie fühlt die tiefe Verbundenheit,

der Seele, die seit Ewigkeiten zu Ihr gehört,

und ist sich bewusst, dass weder Entfernung,

noch Abwenden vom Anderen,

beide trennen kann.

Sie hat verinnerlicht, dass all Jene,

die im Herzen Eins sind,

für immer Eins bleiben werden.

Der Ausweg

Sie will Wege gehen,

gerade und Kurvige,

Wege durchs Unterholz,

und Wege voller Sonnenschein.

Sie will Wege vorwärtsgehen,

immerzu in Bewegung sein,

und doch auch hin und wieder

am Wegesrand ruhen,

um die Aussicht genießen.

Manchmal schaut Sie zurück,

und staunt darüber,

wie Sie all die Irrwege

und Umwege ging,

und doch hier ankam,

mitten im Sonnenschein.

Sie hört ihr Rufen

und betritt sie mutig,

die Pfade, Umwege, Irrwege,

die Geraden und die Ansteigenden,

voller Elan und Freude am Leben.

Doch einem Einzigen Weg wird Sie,

auch wenn er noch so lockend ruft,

nicht betreten ...

den Ausweg!

Wachstum

Die die Sie einmal war, gibt es nicht mehr,

die welche Sie heute ist,

wird Sie morgen nicht mehr sein.

Sie folgt einem beständigen Wachstum.

Sie hält nicht eisern fest an Gewohntem,

sondern geht Hand in Hand mit Ihren Impulsen,

ist gut Freund mit Ihrer Intuition.

Sie treibt auf den Wellen des Moments,

und lässt sich von ihrer eigenen Zeit tragen.

Und so wie kein Moment gleich ist,

so ist auch Sie nicht immer die Selbe.

Vertrauensvoll folgt Sie Ihrer inneren Stimme,

und hat den Mut Ihre Gefühle zu leben.

Wenn die Intuition Sie anleitet,

folgt Sie frohen Herzens dem Ruf der Ferne.

Und doch weiß Sie auch die Heimat zu schätzen,

denn manches bleibt immer konstant bei Ihr,

Sie jedoch, trägt die Heimat im Herzen,

und findet und erweitert Sie dort,

wo man Sie mit liebevollem Herzen empfängt.

Die welche Sie heute ist und gestern war,

wird Sie morgen nicht mehr sein,

Ihre Werte jedoch und Ihre Liebe,

bleiben beständige Heimat,

auf all Ihren Lebensreisen.

Sie muss Nichts …

Sie muss nicht damit prahlen,

was Sie alles schon erreicht hat.

Sie muss nicht nach außen zeigen,

was das Leben ihr schon abgefordert hat.

Sie muss auch nicht Ofenbaren,

wie schwer oder leicht Ihr manches fiel.

Sie muss Nichts von alledem nach außen scheinen,

was man von Ihr fordert und sehen will.

Einzig Sie selbst muss sich verstehen,

kein anderer würde den Sinn Ihres Handelns sehen.

Ein jeder sieht nur, was er zu sehen fähig ist,

und malt sich ein Bild, dem Sie nicht entsprechen kann.

Nur Sie muss mit Ihrem Handeln glücklich sein,

und Ihre Ziele und Wege erkennen.

Dies, was Sie geheimnisvoll erscheinen lässt,

ist nur die Interpretation von jenen,

die Sie ansehen und doch nicht wahrnehmen.

Ihre Wahrheit …

Für Sie gibt keine Dauerhafte,

keine wirklich endgültige Wahrheit.

Dies was Sie heute als Realität fühlt,

kann morgen schon ein Trugschluss sein.

So wie Sie beständig im Wandel ist,

so wandelt sich auch jede Ihrer Wahrheiten.

Die einzige wahre Tatsache,

die es für Sie gibt, ist jene,

Dass jede Wahrheit ihr Gewand wechseln kann,

und nur so lange gültig ist,

bis sich Ihr eine neue Wirklichkeit zeigt.

Narben die verheilen

Wenn die Kriegerin des Herzens

auf dem falschen Weg geht,

und innerlich gegen Ihre Gefühle rebelliert,

alles tut um der Liebe aus dem Weg zu gehen,

dann verletzt Sie sich selbst,

führt einen Kampf mit sich selbst aus,

führt ihre schärfsten Waffen gegen Ihr eigenes Herz.

Auch die Kriegerin strauchelt einmal,

fällt hin,

zerbricht fast,

zersplittert in alle Einzelteile,

damit sie sich neu zusammenfügen können.

Sie weint bis zur totalen inneren Leere,

und geht auch einmal einsame Wege,

deshalb ist Sie eine Kriegerin der Liebe,

um der Welt zu zeigen, dass nur Gefühle,

dass wahre Leben spiegeln und den Weg zeigen.

Die Kriegerin des Herzens

benötigt kein Spiegelbild,

Sie spiegelt sich in ihrem Fühlen.

Sie lernt aus sich selbst heraus,

und orientiert sich nicht an den Fehlern anderer,

Sie macht voller Hingabe Ihre eigenen Fehler ...

immer und immer und immer wieder.

Bis Sie dann aus den Fehlern heraus

in Ihre eigene Wahrheit wächst.

Die Kriegerin der Liebe lebt Ihre Gefühle,

Sie trägt die Liebe als leuchtendes Schild,

auf Ihren Wegen, um anderen vorzuleben,

nur Du selbst und die Liebe

reflektieren, was Du im Inneren bist.

Kein anderer kann dir spiegeln,

was in deiner Seele lebt.

Nur die Wege, die Du selbst gegangen bist,

auf denen Du alles geatmet und gegeben hast,

die Fehler und Wirrungen, die Du gelebt hast,

all die Tränen und all dein Lachen,

sie sind es, die Spuren in andere Herzen zeichnen.

Aber Sie lebt dir auch vor,

dass nur die Verletzungen,

die Du annimmst, umarmst und betrauerst,

in deinen Tränen schwimmen lässt,

es sind, die ohne Narben heilen werden.

Die Liebe

Die Liebe darf locker in Ihr Leben fließen,

Sie ist nicht auf der Suche danach.

Sie weiß, dass alles Liebe ist, was Sie umgibt,

dass alles atmet, fließt und Sie berührt.

Weil Sie es fühlen kann, dass Glück in allem,

ist Sie immer von Liebe umgeben.

Sie weiß auch, dass die Liebe,

welche Sie innerlich ausfüllen wird,

Sie umarmen und halten wird,

Sie in das Licht des Geborgenseins hüllt,

geduldig auf Ihrem Weg wartet,

und ohne Suche Ihre Wege kreuzen wird.

Wahrheit

Weißt Du, was Sie ausmacht?

Sie schaut hinter ... über ...

und durch die Dinge hindurch.

Sie sucht nicht nur das Licht,

sondern schaut auch gezielt nach den Schatten.

Sie liebt das Leben zu sehr und zu tief,

als dass Sie sich falsche Bilder aufzwängen lässt.

Sie schaut hin, manchmal auch in Schieflage,

und aus den ungewöhnlichsten Perspektiven.

Sie will jeden Aspekt erkennen,

nicht nur das Offensichtliche ...

nicht nur das was andere darüber reden.

Und ja, Sie kann auch Kritik anbringen,

wenn Sie erkennt, dass hinter dem schönen Schein,

nur Unwahrheiten ruhen, und die Wahrheit irgendwo,

auf dem Weg von einem zum anderen verloren ging.

Sie ist Liebende des Lebens und des Seins,

und doch sieht Sie auch die Realität,

weil Sie das Leben annimmt, wie es ist.

Weißt Du, was eine Ihrer größten Stärken ist?

Sie glaubt nicht bedingungslos,

dies was man Ihr zuträgt,

Sie hinterfragt, forscht und analysiert,

bevor Sie sich eine Meinung bildet,

welche oftmals weit von dem abweicht,

was man ihr, so ganz im Vertrauen, zutrug.

Sie glaubt nicht einfach und trägt dies weiter,

Sie denkt für sich selbst und übernimmt nur dies,

was Sie, nachdem Sie alle Perspektiven sah,

als Wahrheit erkennen und annehmen kann.

Dies unterscheidet Sie von vielen,

und bringt Ihr manche Ablehnung ein.

Und weißt Du, was Ihr am Ende des Tages wichtig ist?

Der Gedanke, dass wenn Sie im Spiegel sich selbst sieht,

sich die Wahrheit in Ihren Augen reflektiert.

Mit Sinn erfüllt

Was Sie Dir vorleben möchte, ist,

egal, wie sehr Du nach Erklärungen,

Lösungen und Auswegen suchst,

gleichgültig, wie sehr Du dich bemühst,

den spirituellen Lehre(r)n zu folgen,

am Ende wird dich „dein" Leben,

doch auf genau den Weg führen,

der für dich zu gehen bestimmt ist.

All die Mühe aufzusteigen,

dich mit vorgegeben Mantras,

zu programmieren,

und Licht und Liebe zu leben,

und all die Anstrengung,

beständig an Dir zu arbeiten,

füllen deine Lebenszeit mit leerem Raum.

„Dein" Leben folgt den Plänen,

die dir mitgegeben wurden.

Was Sie dir vorleben will, ist

ein einfaches Geheimnis „deines“ Lebens,

egal, wie sehr Du dir selbst

zu entkommen versuchst,

durch das „arbeiten“ an dir selbst,

durch das Ignorieren dessen,

was deine Seele sich wünscht,

weil Du den Vorgaben anderer folgst ...

Du bist und wirst immer nur das werden,

was Du sein sollst.

Was Sie dir zeigen möchte,

mit Ihrer Art,

frei und selbstbestimmt zu leben,

ist, dass Du das Leben nicht lenken kannst,

denn „Dein Leben“, führt dich an der Hand.

Nur es kennt den Weg, der Deiner Seele entspringt,

den Pfad, deines Herzens,

der deine Lebenszeit mit Sinn erfüllt.

Magie des Augenblicks

Sie erkannte, dass es nichts Wertvolleres gab,

als das Sein in der momentanen Sekunde.

Denn, innerhalb eines Momentes

tat Sie den ersten Atemzug,

innerhalb eines Augenblicks

wird Sie den letzten einatmen.

Alles dazwischen ist eine Aneinanderreihung

einzelner Augenblicke,

in deren Summe Sie durch Ihr Leben geht.

Die Magie des Augenblicks ist es,

der den Zauber Ihres Lebens gebiert.

Der Hauch eines Wimpernschlages,

beinhaltet Ihr ganzes Leben.

Und so lebt Sie hingebungsvoll jeden Moment,

in all seinen Erscheinungsformen,

in dem Wissen, dass nur das Jetzt zählt.

Zum Greifen nahe

Alles was Sie dir zeigen will,

ist all dies, was Du in dir trägst,

und all dies, was Du selbst bist.

Sie lebt dir einfach vor,

dass alles was Du brauchst,

zum Greifen nahe bei dir ist.

Du musst nur die Augen schließen,

und vertrauensvoll in dich schauen,

dort ruht der wahre Schatz deines Daseins.

Alles was Sie dir vermitteln möchte,

ist diese eine Wahrheit,

dass Du nichts Suchen oder finden musst,

um vollkommen Du selbst zu sein,

nur fühlen musst Du, tief in dich selbst,

um zu erwachen, zu dem der Du wirklich bist.

Erwartungen

Sie trägt keine Erwartungen in sich ...

an Nichts und Niemanden.

Weiß Sie doch, dass Ihr Leben, in dem begründet ist,

was Sie tut und unterlässt, redet oder schweigt,

was Sie liebt und ablehnt und was Sie gibt oder nimmt.

Einzig Sie selbst erschafft Ihr Leben,

wie kann Sie Erwartungen an andere haben,

wenn Ihr diese Weisheit innewohnt?

Sie hat keine Erwartungen an das Leben,

denn Sie selbst ist das Leben, das auf Sie wartet.

Sie selbst kreiert Ihr eigenes Schicksal,

indem Sie erkennt, was das Leben Ihr anbietet,

indem Sie fühlt, wo Ihre Wege verlaufen,

und indem Sie den Mut hat, zu leben, was Sie fühlt.

Nein, Sie hat keine Erwartungen,

sie hat Träume und Visionen,

die Sie voller Liebe ins Leben atmet.

Diese eine Sekunde

Manchmal braucht es nur eine Sekunde,

einen Flügelschlag Zeit nur,

einen winzigen Moment,

der nicht wirklich greifbar ist,

um zu verstehen,

dass alles was Sie zu wissen glaubte,

nur die Illusion Ihres Wünschens war.

Und doch erkannte Sie in dieser Sekunde,

innerhalb eines Flügelschlages der Zeit,

dass die Erkenntnis,

nie wirklich etwas gewusst zu haben,

und Sie nur Illusionen verfolgt hat,

Sie unendlich befreite.

Denn da wo es nichts zu wissen gab,

da ist jetzt ein unendlich freier Raum,

für alles was sich für Sie zu erfahren lohnt.

Vollkommenheit

Sie weiß, dass jene,

die meinen vollkommen zu sein,

ein Leben der Lüge führen, ein inszeniertes Leben.

Sie haben nie die wirkliche Bedeutung dessen gesucht,

was der jeweilige Augenblick ihnen zu geben vermag.

Jene, die sich als vollkommen erkennen,

haben die Augen vor ihrem wahren Ich verschlossen,

haben nie wirklich gefühlt, was es bedeutet,

sich selbst in jedem Moment Ihres Seins, zu fühlen.

Nein, sie strecken ihre Fühler nur in das Außen,

lassen ihr Licht an der Oberfläche leuchten,

und vergessen dabei zu oft,

dass nur dauerhaft nach außen scheint,

was auch im Inneren vorhanden ist.

Jene, die sich vollkommen nennen,

haben ihr eigenes Licht

im Inneren nicht wirklich gefühlt,

denn dann wäre ihnen bewusst,

dass Vollkommenheit ein Prozess ist,

der Stillstand bedeutet,

weil nichts mehr danach kommt.

Ständiges Wachstum jedoch bedeutet,

nie vollendet zu sein,

sondern immer in Bewegung, in einer Entfaltung.

Dies ist es, was Sie wünscht.

Jene, die überzeugt sind, vollkommen zu sein,

suchen keinen Wandel mehr, bleiben stillstehen.

Sie jedoch sucht das beständige Wachstum,

und den Wandel in jedem Moment,

weil es dies ist, dass Sie zu sich selbst führt,

hin zu einem Ich, das von innen heraus liebt und lebt,

und keiner starren Vollkommenheit bedarf.

Original

Ihr Leben fängt nicht erst an,

Ihr Leben ist schon da.

Sie muss Ihre Aufgaben nicht suchen,

denn Sie bist schon mitten drinnen.

Muss Ihre Bestimmung nicht finden,

denn sie lebt schon immer in Ihr.

Auch will Sie sich an niemandem orientieren,

denn Sie ist das Original, das Sie sein soll.

Es drängt Sie nicht,

nach den Ratschlägen anderer zu leben,

denn Ihr Sein lebt intuitiv

in Ihre eigene Weisheit hinein.

Nichts muss Sie werden,

was Sie nicht sein will,

denn seit Beginn an ist Sie genau dies,

was das Leben sich von Ihr wünscht.

Schlusspunkt

Manchmal setzt auch Sie einen Punkt,

da wo Sie nur gibt und nichts zurückfließt.

Manchmal dreht auch Sie sich um und geht,

da wo Sie nur gesehen wird,

wenn andere Probleme haben,

jedoch Ihre Bedürfnisse nie erkennen.

Wenn Sie immer nur gibt,

aber das offensichtliche Desinteresse

an Ihrer eigenen Person hinnimmt,

wird Sie langsam aber sicher innerlich ausbrennen,

und Ihr eigenes Licht wird nach und nach erlöschen.

Wenn sich „Freunde“ oder von Ihr geliebte Menschen

nur melden, wenn sie ein offenes Ohr,

Ihre Zuwendung, Ihr „Dasein“ suchen,

jedoch nie sehen, oder fragen, wie Sie sich gerade fühlt,

dann setzt Sie einen dicken und deutlichen Punkt dahin,

wo Ihr der andere nur leeren Raum bietet.

Die wahre Liebe

Sie erhebt Ihr Schwert für die Liebe,

aber nie würde Sie um Liebe kämpfen.

Es genügt Ihr zu lieben,

zu wissen, es gibt dieses eine Herz,

welches den Schlag des Ihren ergänzt,

weil es einfach Liebe ist.

Sie stellt sich keinem Wettbewerb,

um die Gunst dessen, den Sie liebt,

um darzustellen, wie viel besser Sie für ihn wäre.

Im richtigen Moment wird er es selbst fühlen.

Sie wird niemals der Liebe hinterherlaufen,

sondern ist zufrieden, mit dem Zustand des Liebens.

Sie wird dich niemals aufmerksam machen,

darauf, dass Ihre Liebe tief und rein ist.

Denn Sie weiß, wenn sein Herz bereit ist,

Ihre Liebe zu umarmen,

wird er den Weg zu Ihr von selbst finden.

Sie wird ihm nicht erzählen müssen,

von dem, was in Ihr für ihn lebt,

denn in Ihr lebt die Gewissheit,

dass seine Seele, den rechten Zeitpunkt kennt,

denn wahre Liebe wird immer zueinanderfinden.

Die neue Weiblichkeit

Sie trägt schon immer,

dass Weiche und Behütende in sich.

Ja, in Ihr lebt auch ein starkes Feuer,

eine Flamme voller Energie.

Jedoch wird Sie sich nicht messen wollen,

mit deiner maskulinen Kraft.

Sie ist nicht mächtiger als Du,

dies ist nicht Ihr Bestreben.

Warum sollte Sie Macht besitzen wollen,

über Dich, dein Leben,

Deine Gefühle und Deine Liebe?

Wieso solltest Du dich Ihr ergeben wollen,

mit all der Schönheit deiner Männlichkeit?

Sie liebt Dich nicht, um dich zu besitzen,

zu unterdrücken, oder Ihre Energie negativ

über dich zu ergießen.

Sie will dich nicht unter sich sehen,

auch nicht über sich ... sie will dich Seite an Seite,

auf Augenhöhe mit Dir ein Miteinander leben.

Nein lieber Mann, Sie sucht nicht danach,

Ihre weibliche Weichheit zu tauschen,

gegen maskuline Stärke und Kraft.

Auch sucht Sie in Dir nicht Ihre eigenen Aspekte,

die verloren schienen und nun in dir vor Ihr stehen.

Sie will ergänzen, vervollkommnen,

vereinen was einer dem anderen geben kann.

Sie will Dich Mann, in all deiner Schönheit,

in all Deiner Kraft, mit all deinen Schwächen,

all Deinen Schatten und all deinen Visionen.

Sie hält nichts davon, eine neue Weiblichkeit zu leben,

denn Sie ist in Ihrem FrauSein stark genug,

um neben Dir stehend, Ihre Stärken,

mit den Deinen, zu einer einzigen Harmonie

der Liebe, zu einer gemeinsamen Flamme zu vereinen.

Zwischen dem Leuchten der Sterne

In Ihr lebt die Frage,

ob er die gleiche Stille spürt wie Sie,

ob er Sie fühlt,

wenn Ihre Gedanken Ihn besuchen.

Sie fühlt hinein,

zwischen das Leuchten der Sterne,

ob auch er, in der Ruhe der Nacht,

Ihren Wegen nachfühlt,

und ob er so wie Sie,

dem Leben vertrauensvoll offenlässt,

wo und wann sich ihre Wege kreuzen werden.

Und zu all dem Sehnen nach Ihm,

gesellst sich Ihr die Antwort, dass,

egal, auf welchen Wegen sie gerade gehen,

die Sehnsucht, die in den Nächten lebt,

sich als stiller Begleiter am Tage,

auf ihren Wegen zu ihnen gesellt,

sie an der Hand nimmt, und beide führt,

bis zu dem Punkt,

an dem sich Ihr Leben vereint.

Es sind diese Nächte,

die Ihr zuflüstern,

„habe Vertrauen in diese Liebe."

Es ist die Zwiesprache von Seele zu Seele,

die Sie Ihre Wege in Frieden gehen lässt,

bis zu dem Ort,

an dem seine Seele die Ihre umarmt.

Zuhause

Da fühlt Sie sich wohl, wo Sie sagen kann,

ich lebe mit meiner Seele in Einheit.

Da wo Sie sich gehalten fühlt,

von etwas, dass höher ist, als Sie selbst,

in dem tiefen Glaube daran,

dass Sie immer beschützt ist,

wächst Ihr Mut und Ihre Kraft,

sich Ihrem Leben zu stellen.

Sie ist da Zuhause, wo Sie fühlt,

dass Sie in sich selbst gefestigt ist,

und mit dem Umfeld in Harmonie lebt,

da wo Sie sein darf, wie Sie selbst sich fühlt.

Da fühlt Sie sich erfolgreich,

wo Sie aus Hindernissen Chancen gebärt,

wo Sie Wege geht, die Sie herausfordern,

über sich selbst hinauszuwachsen.

Aber auch da mag Sie sein,

wo Sie Ruhen und zu sich kommen kann,

wenn eine Herausforderung,

Sie an Ihre Grenzen brachte

und Sie mit Ihrer eigenen Geschwindigkeit

wieder zu Ihrem Rhythmus finden kann.

Da wo man Sie von Herzen annimmt,

als dass was Sie sein möchte, sieht

und ohne viele Worte dahin begleitet,

zu dem, was Sie wirklich sein kann.

Tod und Wiedergeburt

So viele Tode

ist Sie in Ihrem Leben gestorben,

so viele Neugeburten

hat Sie wiederholt durchlebt.

So vieles, von dem Sie dachte,

es sei ein Ziel,

zeigte sich als Irrweg oder Umweg.

Und doch hat jede dieser Irrungen,

Sie zu der werden lassen, die Sie jetzt ist.

Und nun steht Sie da,

mit folgender Weisheit im Gepäck:

Das Leben ist voller Tode und Geburten,

jede gemeisterte Aufgabe, lässt Sie sterben,

um Sie neu und strahlend,

wieder ins Leben zu werfen,

hinein in die nächste Prüfung,

in eine weitere Phase des Wachstums.

Und jede neue Aufgabe,

führt Sie unweigerlich

zum nächsten Erlöschen,

nur um Sie wieder durch den Geburtskanal,

auf einen neuen unbekannten Weg zu schicken.

Ihr Lohn für diese Erkenntnis ist dieser:

Den endgültigen Tod

muss Sie nicht fürchten,

denn er beendet nur ein Leben,

um Sie in ein Neues zu katapultieren.

Wirklich zu Lebzeiten sterben,

wird Sie erst,

wenn Sie keine Herausforderungen

und Prüfungen mehr annimmt,

wenn Sie sich in Fragen verirrt,

was danach kommt.

Erst dann, wenn Sie stillsteht,

wird das Sterben während des Lebens beginnen.

Dies ist es, was Sie fürchten sollte,

denn dies bedeutet ein lebenslanges Siechtum,

jedoch in Bewegung zu bleiben,

lässt Sie zwar immer wieder sterben,

aber auch immer wieder

in neuem Glanz Auferstehen.

Ihr Kompass

Sie folgt beständig diesem Licht ...

diesem einen Schein ...

welcher tief in Ihr leuchtet ...

der in Ihren dunkelsten Räumen geboren wurde,

und seinen Schimmer nach außen wirft.

Sie folgt immer nur diesem Leuchten ...

das mit jedem Herzschlag an Kraft gewinnt,

und Ihr unbekannte Wege ausleuchtet ...

Es ist der Kompass, der Ihr innewohnt,

und Ihre Ziele besser kennt, als Sie selbst ...

Sie folgt einfach dem Flüstern Ihrer Seele.

Garten der Liebe

Und besonders stolz ist Sie,

auf ihre schimmernden Narben der Liebe.

Zeigt ihr doch eine jede,

dass Sie sich immer treu geblieben ist,

dass sie trotz allem,

immer noch ihrem Weg des Herzens folgt,

denn jede dieser Verletzungen ließ sie,

trotz all ihrer Schwäche stark werden.

Ihre Narben sind es, die Ihr selbst zeigen,

dass der Weg der Liebe, zwar steinig sein kann,

aber dass es sich lohnt,

seinem Herzen treu zu bleiben,

indem Sie nur dem Ruf Ihrer Seele folgt.

In Ihrem Leben hat Sie oft geliebt,

tief, hingebungsvoll, voller Feuer,

aber hat dabei nie sich selbst aufgegeben ...

Nein, Sie wurde jedes Mal neu geboren.

Viele Verletzungen musste Sie

auf Ihre Seele zeichnen lassen,

die beim Heilen tiefe Narben

in Ihre Seelenlandschaft zeichneten,

Ihr eine Landschaft des Lebens tätowierten.

Und doch lebt die Gewissheit in Ihr,

dass jede Narbe der Liebe,

nachdem sie geheilt ist,

bunte Früchte tragen wird,

die wenn der Mann vor Ihr steht,

dessen Narben in den gleichen Farben leuchten,

gemeinsam zu einem zauberhaften Garten

der Liebe erblühen dürfen,

indem Ihre und seine Seele,

ihr gemeinsames Zuhause der Liebe leben.

Irgendwo

Irgendwo zwischen Jetzt und der Zukunft,

liegt die Erfüllung all Ihrer Visionen,

liegt die Antwort auf all Ihre Fragen.

Auf den Wegen Ihrer Reise

liegt alles, was Sie braucht,

hier wachsen Ihr die Antworten

auf all Ihre Fragen entgegen.

Zwischen jedem Ihrer Wege

ist so viel Raum und Zeit,

so viel Platz, für Träume und Visionen,

und so viele Antworten auf Fragen,

die erst auf Ihrer Reise geboren werden.

Irgendwo zwischen Jetzt und der Zukunft,

findet Sie für sich selbst die wichtigste Antwort,

dass es keiner Fragen nach dem Sinn des Lebens bedarf,

weil das Leben in jedem einzigen Moment,

nur gelebt und geliebt werden will.

dualseelen.org

Bei Fragen zu diesem Buch oder zu meinen Texten,
erreicht ihr mich über oben genannten Blog
oder über folgende Emailadresse:
dualseelen.beratung@hotmail.com

Printed in Poland
by Amazon Fulfillment
Poland Sp. z o.o., Wrocław

29056953R00066